BUSENGEWUNDER

LISA FRÜHBEIS

BUSEN GEWUNDER

Meine feministischen Kolumnen

CARLSEN

VORWORT

Das Private ist politisch – dieser Slogan der zweiten Frauenbewegung kommt einem beim Lesen von Lisa Frühbeis' feministischer Comicstrip-Sammlung gleich in den Sinn. In den verschiedenen Episoden, die zunächst als Webcomics und dann später – von 2017 bis 2019 – monatlich im Berliner *Tagesspiegel* erschienen sind, setzt die gebürtige Münchnerin und preisgekrönte Künstlerin bewusst auf alltägliche Erlebnisse und persönliche Erfahrungswerte. Mit viel Witz, Humor und Scharfsinn wandelt sie diese »gelebte Wirklichkeit« für ihre Leser*innen in eine pointierte Comic-Kolumne, die nicht nur besonders unterhaltsam, sondern auch sozialkritisch und extrem lehrreich ist. Dabei schreckt sie nicht vor unkonventionellen Themen oder gesellschaftlichen Tabus zurück, wie etwa Menstruation, weiblicher Körperbehaarung oder Urinieren im Freien. Vielmehr greift sie diese gezielt auf, setzt sie spielerisch und leicht zugänglich, aber niemals trivial oder leichtfertig um. In maximal zwölf Panels pro Episode inszeniert Frühbeis eine Politisierung des Alltäglichen in Comicform, setzt sich für Gleichberechtigung ein und bereichert den deutschen Comicdiskurs um eine oftmals unterrepräsentierte weibliche Perspektive.

Bis heute wird die »Neunte Kunst« noch immer als ein von Männern dominiertes Phänomen wahrgenommen. Dabei wird die Rolle feministischer Künstlerinnen für die Geschichte und Entwicklung des Comics häufig unterschätzt und vernachlässigt. Comics sind für viele vor allem eins: Superhelden-Comics mit strahlenden, muskelbepackten Helden und supersexy hilflosen Frauen, die aus gefährlichen Situationen gerettet werden müssen. Mit ihren originellen Strips, die sich immer wieder um das Thema Körperlichkeit, Gender-Rollen und Sexualität drehen, liefert Frühbeis eine willkommene feministische Alternative zu diesen phallozentristischen Wunschfantasien. In ihren Comics bricht Frühbeis bewusst mit gängigen Klischees, patriarchalen Strukturen und hegemonialen Schönheitsidealen. Indem sie die formal-ästhetischen Mittel der »sequenziellen Kunst« gekonnt zum Einsatz bringt, kreiert sie alternative Frauen- und Weiblichkeitsbilder, die weder idealisieren noch glorifizieren. All dies gelingt Frühbeis mithilfe eines Zeichenstils, den sie selbst als irgendwo zwischen »krakelig und detailverliebt« angesiedelt beschreibt. In der Tat bestechen die hier gesammelten feministischen Comicstrips durch eine reduzierte, cartoonhafte Ästhetik, welche die Künstlerin äußerst produktiv mit persönlichen und politisch relevanten Inhalten kombiniert. Eine Kombination, die »Busengewunder« zu einem großartigen Leseerlebnis macht!

Véronique Sina, Köln, Januar 2020

Dr. Véronique Sina ist wissenschaftliche Mitarbeiterin am Institut für Medienkultur und Theater der Universität zu Köln. Zu ihren Forschungsschwerpunkten zählen u. a. Gender und Queer Studies, Visual Studies, Medienästhetik sowie Comic-, Intersektionalitäts- und Intermedialitätsforschung. Sie ist Mitbegründerin und Sprecherin der AG Comicforschung der Gesellschaft für Medienwissenschaft (GfM) sowie zweite Vorstandsvorsitzende der Gesellschaft für Comicforschung (ComFor).

BUSENGEWUNDER

Büstenhalter, was für ein umständliches Wort. „Büste" ist zweitausend Jahre jünger als „Busen". Hat sich der Worterfinder im Biedermeier zu sehr geschämt?
Oh, Königin Luise von Preußen!
Trägst du einen Büstenhalter?
Oder noch Korsett?
← Büstenhalterin. Höhö!

Ohne BH sieht man halt weibliche Nippel. Aber dass die verpönt sind, und männliche nicht, zeigt nur, wer die Regeln macht.
Verhüllen Sie sich!
Nur weil deine Erregung sichtbar ist?
Nicht von dir erregt, btw.

Der Feminismus der Fünfzigerjahre hat als Zeichen der Freiheit BHs verbrannt. Endlich kein Korsett mehr!
FREEDOM TRASH CAN
Fun Fact: BHs brennen nur mit Benzin!

Damals wurde auch mit der Angst vor „ausgeleiertem" Bindegewebe aufgeräumt. Es gibt ja auch keinen PH.

Trotzdem tragen Frauen seit 2000 Jahren freiwillig (schmerzfreie) Brustbinden. Denn Brüste sind schwer und tun manchmal weh. Bei Bewegung ...
römisches „Strophium" (an Pompejis Wänden)
... oder einfach aus hormonellen Gründen, denn der Zyklus lässt das Gewebe oft anschwellen. Deswegen tragen manche Frauen gerne BH.
Leicht wie Federn!
Sogar beim Schlafen!
Und andere verzichten auch mal drauf.
Ich bin wieder da-ha!
Wie war's beim Sp...usen! Äh. Ich meine ...
lisafrühbeis '18
... Versuchst du gerade, mir NICHT auf die Brüste zu schauen?
Gegenfrage: Kann ich überhaupt richtig antworten?

BUH

ANGRIFF DER KILLERHAARE

Nicht ohne Opfer: Es juckt megamäßig! Die Haut ist noch zu sensibel.
Ich hab doch schon genug geopfert! Ganz viele Haare ...
HHNG

Allerdings: Auch ich musste mich erst mal an den Anblick gewöhnen.
ästhetische Erwartung
ästhetische Realität

Scheini-Beini kamen ab den Vierzigerjahren in Mode, zusammen mit kürzer werdenden Röcken, und um die teuren Nylonstrümpfe zu imitieren. Ab den 60-ern gehörte es zum Ideal.
It's me! Twiggy.
Ich habe einen Körper und eine Haut wie eine Zehnjährige.
Sehr erstrebenswert.

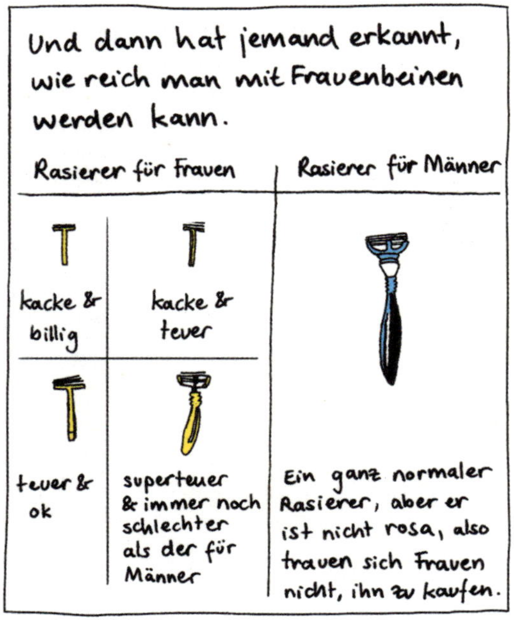
Und dann hat jemand erkannt, wie reich man mit Frauenbeinen werden kann.
Rasierer für Frauen
Rasierer für Männer
kacke & billig
kacke & teuer
teuer & ok
superteuer & immer noch schlechter als der für Männer
Ein ganz normaler Rasierer, aber er ist nicht rosa, also trauen sich Frauen nicht, ihn zu kaufen.

Der Grad an Provokation, den weibliche Beinhaare bei einigen Männern und Frauen auslösen, ist geradezu albern.
En garde!
Let's kill them!
Aaah!
Hilfe!
Ich bin blind!
Zum Gegen-angriff!
Schlampää!
Dabei haben Frauen genau die gleiche Anzahl Haare wie Männer, nur eben an manchen Stellen etwas feiner.
Ich eigne mir jetzt erst mal ganz gediegen das einst abgelegte Symbol wieder an.
Nicht Maxi (mit dem ist dann doch nichts geworden).
Komm, ich wärm dich mit meinen Beinhaaren!
Aber... pikst!
Sagt der Richtige!
NOT THAT KIND OF GIRL

Über Oberflächen

Immer noch scheint das Wichtigste im Leben einer Frau zu sein, dass ihr Aussehen den Herren der Schöpfung plaisiert. Die Unterschiede zwischen den Klamotten für Männer und Frauen:

Frauen durften später nur im Haushalt arbeiten. Ihr Körper war Besitz und Aushängeschild des Ehemannes. Im Krieg gab es eine kurze Ausnahme: Männer waren Mangelware. Aber schon in den 1950er-Jahren war das Intermezzo vorbei, wie diese Kleiderwerbung* zeigt:

* Ja. Echte Werbung.

In Paris gab es übrigens ein Gesetz, das Frauen das Hosentragen verboten hat. Bis 2013!

Auch heute noch ist ihr Outfit das Erste, was an einer Frau kommentiert wird.

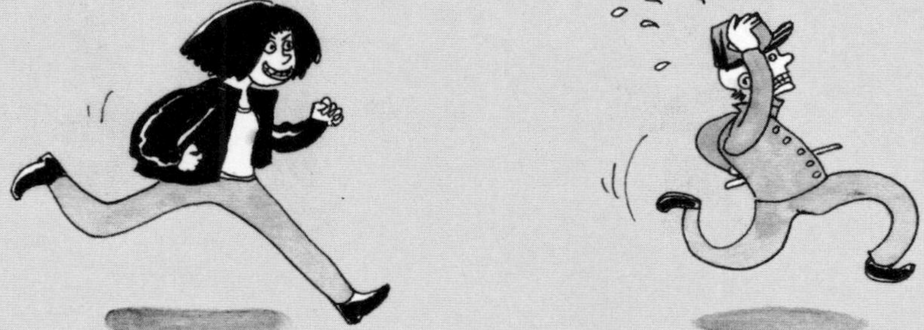

COMIC ÜBER MENSTRUATION

Nun, so viel Lustiges gibt es über Menstruation nicht zu berichten.
WURST
1. Periode
EIER
im Angebot 10%
Öffentlichkeit
Prozentrechnen: nein
Gebärfähig: ja
Natürlich was Weißes
Wieso tut mein Bauch so weh?
Auch nicht lustig ist die ungerechte Verteilung von Leid.
Also, ich hab meine Periode nur alle 57 Tage, und dann auch nur megakurz und schmerzfrei.
Schön ... für ... dich ...
Das andere Geschlecht findet das alles natürlich sehr eklig.
Oh, du Arme.
Geht's?
Wäh, geh weg!
Pfui!
Nicht zuletzt dank religiöser Schriften, welche die menstruierende Frau für unrein erklärten.
TAP
Muhahaha, ich hab alles angefasst!
Du darfst nix mehr berühren!
TAP
TAP
TAP
TAP
TAP
Ver-dammt ...
TAP
TAP
TAP
TAP

Obwohl – da fällt mir doch was ein! Neulich:
REDUZIERT
50%
LADY
Uuh! Schnäpp-chen ♫
Uff. Binden kaufen ist ungefähr so toll wie Kondome kaufen.
1
PIEP
LADY
Daheim
Hä? Die sind ja komisch verpackt! In Gazestoff?
Ist doch sonst immer Plastik...
LADY
BINDEN FÜR INKONTINENZ
Ach so. Na toll.
lisafruehbeis '17

BIEP
BINDE
BINDE
KOND-
OME
KONDOME
BINDE
KOND-
OME
BINDEN
KONDOME

PÖMP MY FEET

Was wurden in der Weltgeschichte schon Frauenfüße verstümmelt.
Exakt 10 cm – wunderschöne Lotusfüße!
Das Ergebnis von Schweiß und Knochenbruch.
Aber Absatzschuhe sind natürlich ganz was anderes.
Aach, ich nehm immer Eisspray, dann tut das gar nicht mehr weh!
α-Weibchen der 10a
Kunstlehrerin
Hmm, voll guter Tipp!
Ich mit 16
Sitze natürlich vorne
Eisspray auf die Füße, das kenne ich eigentlich nur vom Fußball.
Für 6 Mio € Jahreseinkommen
Freiwillig, für Anerkennung
PFFT
EIS
PFFT
EIS
Ich verstehe das nicht. Wieso tut man sich das freiwillig an?
Ich gefalle auch unter Schmerzen!
Ruckediguh. Ist das Blut im Schuh?
Bitte, paar dich mit mir!
Schnell!

Klar, sie machen größer.
Und groß = dominant.
Na, junge Dame?
Schon gut!
Dabei gibt es noch mehr Theorien!
Darwinistische sogar!
Der Farbe nach paarungsbereit, würd ich sagen!
Äffin
Afferich
Absätze heben demnach den weiblichen Popo schön wieder den Männern unter die Nase.
Dazu dieses hilflose, fragile Trippeln…
Einfach erotisch.
HUUUCH!
Ahaha…
Ich bin berauscht von deiner körperlichen Beschränktheit!

Dabei entstammen Absätze eigentlich Männerschuhen – als Zeichen für Pferdebesitz und damit Wohlstand.
Stößchen!
Ich übrigens, mit dann 19, hab mich richtig erwachsen gefühlt:
Hua Hua!
Groß!
KRRK
Ich geh barfuß.
Is eh viel gesünder.
Wie, gefällt dir sowieso nicht?
Nee.
Bereit zur Paarung?

SHOPPING KINGS AND QUEENS

Aktives Kraftgebendes für Jungs. Einschränkende, oberflächliche Botschaften für die Mädchen. Was denken sich Marketingabteilungen?
Frauen hämmern jetzt auch?! Muss das Werkzeug irgendwie schwächer machen.
Mit Rosa oder so
Rosa find ich doof.
Das tragen nur Schwule.
im Leben nix gehämmert
Meine Tochter ist was Besonderes... Aber mein Sohn auch! Ich kaufe am besten alles zwei Mal.
KACHING!
Hähähä
Oft sind „Dinge für Frauen" klischeehaft oder, noch schlimmer, teurer! („Pink Tax" nennt sich das.)
Bei schlechterer Qualität!
Dabei verdiene ich durchschnittlich 21% weniger!
KLEB
10€
15 €
Fun Fact: Historisch war Rosa die männlich konnotierte Farbe, und Blau weiblich. Erst um das 19. Jahrhundert hat sich das durch blaue Militärmode gedreht.
Pink and proud!
I-AH

Jungs lernen früh, dass „Mädchenkram" schlecht ist. Mädchen hingegen haben keine Skrupel, sich mit „Jungskram" zu identifizieren.
Iiiieh, das ist für Mädchen!
Das les ich nicht!
LILLI, DIE FEE
RITTER FRED
Damit werden altbackene und gefährliche Geschlechterrollen trainiert.
Durchschnitts-gehalt: 47.520 €
Durchschnitts-gehalt: 39.960 €
Tja ... ist halt für Mädchen.
Betrifft mich nicht.
laut Statistischem Bundesamt
Aber ... Es gibt eine Lösung! Wir müssen den Schmodder gar nicht kaufen!
Als emanzipierte Frau greife ich zum geschlechtsneutralen Konsumprodukt!
STINK NORMALE HÄMMER
Auf die Finger hauen kann ich mir mit Hämmern in jeder Farbe.
BOING
lisafrühbeis '18

DIE VERWANDLUNG

Helm
Regencape
Regencape !!
hnng
...

lisafrühbeis '17

KLACK
KLACK
KLACK
KLACK

DEN FRAUEN EIN VORBILD

Ich will aber keine, die sich immer die Haare kämmt...
Prinz...
... oder bei der der Busen rausfällt, weil der Charakterdesigner zu viele Pornos angeschaut hat.
BUSEN-WONDER-WOMAN!
JUHUUU!
Nimm doch 'ne mythische Figur.
Welche von den vielen? Die Weihnachtsfrau? Die Osterhäsin?
Die Zahnfee!
Also... Die hat doch 'ne zweifelhafte Motivation.
MEIN SCHATZ!
Ok. Dann die böse Disney-Hexe. Schlau, coolles Kostüm, verständliche Gründe...
Hm. Aber... die ist böse!
Mu Ha Ha
Hm. Komisch eigentlich...

Wieso überhaupt mediales Vorbild?? Wer braucht schon Vorbilder!
Ich pfeif doch auch auf die Gesellschaft!
Außerdem hast du voll Ansprüche ...
Du hast Helge Schneider!
Wo werden die verrückten, erfolgreichen Frauen gezeigt?
Du kannst dich wenigstens aktiv dagegen entscheiden!
Ich hab keine Lust mehr, mich gezwungenermaßen mit Männern zu identifizieren!
... Ich hab's. Miss Marple?
Ok! Aber nur in der Schwarz-Weiß-Verfilmung mit Margaret Rutherford!
He He He
Komm, wir spielen lieber Mario Kart.
Joa. Übrigens auch mit sieben männlichen Figuren. Und einer weiblichen: Princess Peach.
Die spiel ich nie, die fährt langsam und kichert nervig.
Ach was
©lisafrühbeis '18

He
He He
He
He He
He He He
He He
He He

am ENDE SIND WIR alle GLEICH ... ?

Das Entgeldgleichheits-gesetz? Ein Witz.
Frauen verdienen weniger als Männer, aber verlieren ihre Klagen.
Selbst schuld, wenn sie keine Absicht beweisen können. Ist Gesetz!
Dezember 2018:
Ein Chef, der gerne auch mal so was sagte:
ZDF WEIHNACHTS-FEIER
Frauen haben im politischen Journalismus nichts zu suchen.
... Zahlte der Klägerin ein Vielfaches weniger als männlichen angestellten Kollegen bei gleicher Arbeit.
Der Richter:
Kein Sexismus zu erkennen.
Eine Zuschauerin:
„Willkommen im Mittelalter!"
Ruhe auf den billigen Plätzen!
TONK
Außerdem erhebt der Staat Ansprüche auf den Frauenbauch! Abtreibung wird rechtlich nur geduldet, die „Austragungspflicht" 2018 vom Verfassungsgericht bestätigt.
Was für ein Wort!
Woher dieser Anspruch auf den weiblichen Körper? Neidisch auf unser Gebären? Panik vor unserer Macht?
Ich will das gerade einfach nicht.
Du lehnst mein Astralerbgut ab?
Zufällig schreibe ich gerade an einem Gesetzestext ...

Sexuell belästigende Nacktheit in der Öffentlichkeit? Frauen werden anders bestraft als Männer.
Ordnungswidrigkeit: 1000 € Strafzahlung
Straftat: 1 Jahr Gefängnis
Exhibitionismus von Frauen gibt es vor dem Gesetz nicht. Ist ja schön anzuschauen!
Ich fasse zusammen:
StGB
Gesetze wurden jahrhundertelang von Männern gemacht.
Und wenn Frauen bevorzugt werden, dann wegen Objektifizierung.
...Genug Beweise, Euer Ehren?
... Gut. Hiermit erkläre ich das StGB schuldig und verurteile es nach ... äh...
... StGB. Ich bin verwirrt.
BONK
lisafrühbeis '19
StGB
TOCK
Im Übrigen ist das StGB nackt.
Sind Sie ein Mann oder eine Frau?
Äh... genderneutral?

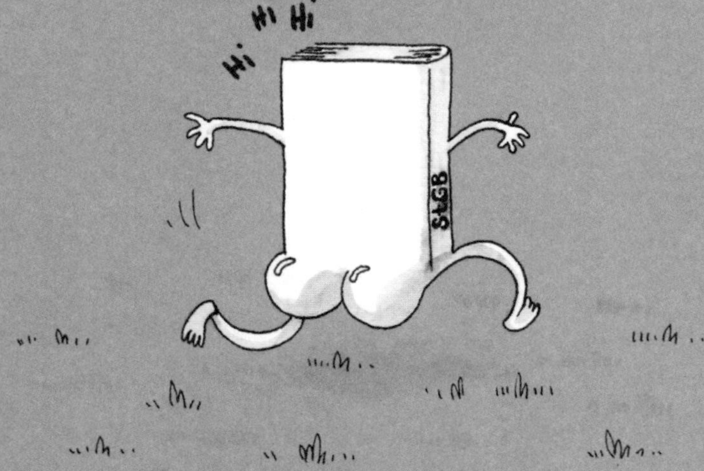
Hi Hi Hi
SLGB

Balanceakt

Manchmal frage ich mich ...
... ob Gleichberechtigung ein Luxus unseres aktuellen gesellschaftlichen Standards ist.
Wir hoffen, dass jeder Einzelne unserer Gesellschaft mitspielt.
Aber ein Einzelner ...
40 Minu
ARGH

... reicht schon aus...
Hi. Na?

... um das fragile System zu erschüttern.

Es ärgert mich, dass ich so denke.

Dann fällt mir auf, dass ich mir meinen Stand im patriarchalen System nicht ausgesucht habe.
Hier, deine Karten.

Diesem unfreiwilligen Machtspiel ...
... Tag für Tag ausgesetzt zu sein ...
Ha! König sticht Dame.
... frustriert mich ungemein.
Na, wie war's?
Jo, alles wie immer!
lisafrühbeis '17

HOCHS UND TIEFS

Unsere Privilegien sind unsere Normalität.
Die ist ja komisch.
GAAAAAAAH!
SCHEPPER

Man wird dazu verleitet, zu denken, dass man einfach besser als die anderen ist.
Guck mal mich an!
URGS

Blöder Angeber!
He! Ich hab mich doch auch abgerackert!

Die meisten Privilegien – Hautfarbe, Bildung der Eltern, Geburtsland – kann man nicht ändern.

Aber sie haben immense Einflüsse auf unser Weiterkommen. Wer keine Privilegien hat, wird mit sehr hoher Wahrscheinlichkeit auch keine bekommen.

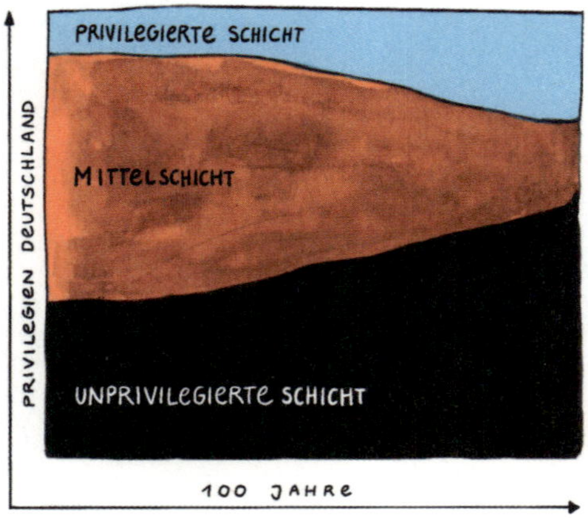

FLUCHEN AUF FRANZÖSISCH

... verwenden es heute Student*innen, um ihre Professor*innen zu verwirren.
Tu me vénère!*4
Tu m'énèrve!*5
*4 Du nervst mich!
*5 Du nervst mich!
Meine sonstige Analyse: Die Deutschen fluchen fäkal...
Scheiße!
Arschloch!
... die Italiener sexuell...
Cazzo!
Porca Putar
...und wenn man die französischen Flüche sortiert, findet man sowohl Sexuelles...
Putain!
Saloppe!
Con!
PRALINÉE
Je m'enfou!
Quel bordel!

... als auch Fäkales!
Merde!
Mon cul!
Fait chier!
Jeder Eroberer hat ein Tabu dagelassen.
Im französischsprachigen Kanada flucht man hingegen noch ganz blasphemisch.
Tabernacle!
Hostie!
Dort sagt man auch noch ✝ 🫧!
Aber in Frankreich ist das total veraltet. Hier sagt das keiner mehr.
Voll das Klischee!
lisafrühbeis '17

ALS ICH MAL EINEN PREIS BEKAM

Der liegt gut in der Hand ...
Die Flüssigkeit fließt gleichmäßig ...
Und der kann ewig!
Noch mehr?
Wow, die sind ja interessiert...
Ja!
Erzähl noch mehr über den Stift!
HOHO
HUHU
PRUST

Mit formschöner, stabiler Spitze ...
Er ist ein wenig rutschig, deswegen stecke ich ihn in einen Gummigriffel.
Möchtest du auch noch was sagen?
Kein Kommentar.
Was war das jetzt grad?
lisafrühbeis '19

DIE MACHT ÜBER KÖRPER

Dank dieser Codierung ist 30% im Hirn der Frau permanent damit beschäftigt, wie sie von außen wahrgenommen wird.
SEUFZ
Schlimm ist auch die Mager-Überheblichkeit: Dünnheit mit persönlichem Erfolg des Willens zu verbinden.
Wohl nicht genug angestrengt!
Mir wurde schon nahegelegt, stolz darauf zu sein, dass ich durch Krankheit oder Stress abnehme.
Voll super!
PUFF
Und oft genug beobachte ich ein kollektives Feiern dieser Objektifizierung des eigenen Geschlechts.
Also „Topmodel" ist ja voll mein Guilty Pleasure, hihihi!
Ahaha!!
Nummer löschen
Werde ich einsam sterben?

Insgesamt ist es ein Unterdrückungs-mechanismus... Es geht um Macht.
NICHT GUT GENUG, EGAL WAS DU TUST
Man kann Sätze übrigens gut testen: Würdest du sie auch einem alten Mann sagen?
Fetter Arsch!
?
Übrigens. Was sagen eigentlich „die Männer" dazu?*
Öh - Ich hab eigentlich gern was zum Grabbeln.
Ich steh auf Po.
Hä? Kurven sind doch das Beste!
*Repräsentative Umfrage im Freundeskreis
Deswegen: Beim nächsten Mal...
Ich will doch nur das Beste für dich.
Das Beste ist mein Mighty Booty...
Der hat Macht!
lisafruehbeis' 17

FURCHTBAR FRUCHTBAR

Mit 22, zum ersten Mal bei den Eltern vom Freund:
Kuchen?
Nein danke
PATSCH
äh
Also, jetzt müsst ihr aber langsam mal anfangen. Wir haben probiert und probiert! Zwei Jahre hat es nicht geklappt!
EMMA
... Hilfe!

Später, mit 25:
Hast du schon mal über Eizellen-Einfrieren nachgedacht?
WERTLOSES KUNST-DIPLOM
Mit 27 dann:
Ach guck mal, die neue Fruchtbarkeits-App im Google-Store!
Toll!
Mit Perioden-Synch!
Voll schöne Farben!
Mit 30 nun:
Willst du nicht das Kind austragen? Wie bei den Seepferdchen?
?
Und die Zukunft:
Gratis Versand: ein amazon KINDLE
Juchu!
LISA FRÜHBEIS '17

KRIEGSHERREN UND -FRAUEN

Eine kleine Anekdote als Antwort. 1889 wurde in Schweden ein 1000 Jahre altes Grab eines Wikingerkriegsherrn entdeckt.
Das Bilderbuchgrab eines Wikingermannes!
Oooh starker, mächtiger Vorfahre!
KLATSCH
KLATSCH KLATSCH
2014 hat sich eine Archäologin die Knochen noch mal angeschaut und stellte fest:
Das sind die Knochen einer Frau!
Nee, da ist bestimmt was im Archiv vertauscht worden.
Das ist doch unser Vorfahre!
Mit Penis und so.
Also wurde 2018 eine DNA-Analyse präsentiert.
Es war schon immer eine Kriegsherrin. Kriegsfrau. Egal! Eine Kriegerin.
Ok, ok …
Wir wollten nur sichergehen.
Es gab schon immer Kriegerinnen. Die gegenteilige Annahme sagt vor allem etwas über unsere Zeit aus.
Ich, Darwin, habe bewiesen, dass Frauen biologisch unterlegen sind.
NATURAL SELECTION
Du hast deine Chauvi-Meinung zementiert!!

Nun mag so mancher Troll ankommen und sagen:
Aber Mann und Frau sind nun mal aus gutem Grund biologisch verschieden!
WEICH! SCHWACH!
HART! STARK!
He!
KLIRR
STREICHEL
Dann noch mal für alle: Klar gibt es biologische Unterschiede.
Das ist trotzdem kein Grund für klischeehaftes Denken!
Also, lieber Leser: Es können Männer stark, Frauen stark, Frauen schwach und Männer schwach sein.
Und solange starke Narrative männlich konnotiert sind, müssen wir dem Kriegsfrauen entgegenstellen.
AAH! Ich bin ein Krieger, kein Schmuser!
Oh, wirklich?
lisafrühbeis '18

DER TAUSCH

Stell dir mal vor, Jojo, es wäre vertauscht. Die Männer hätten jeden Monat ein einziges, kostbares Spermium…
Und die Frauen hätten Millionen von Eiern zur Verfügung?
Hm. Was würde das alles für uns ändern?
Dem Patriarchat würde das bestimmt guttun.
Anatomischer Tausch: Eierstöcke nach außen zur Kühlung, Hoden rein zum Schutz.
Präspermales Syndrom wäre ein Ding.
„Rüdiger – Stunden der Entscheidung" von Siegfried Pilcher
Oooh Tamara!
Rudi… Ich bin deine Schwester!
Ohoho!
Ich will Schokolade.

Das nicht benutzte Spermium geht unter großen Samenabgangsbeschwerden mit sehr viel Blut ab.
In zwei Wochen wieder. Lieber kuscheln.
Cosmeo
Frauen würden viel selbstbewusster aufwachsen.
Uuh! Heißer Feger!
Hast du kribblige Eier?
So einige!
Höhöhö
Und die Wissenschaftlerinnen belegen: Wegen der großen Vielfalt an Eiern sind Frauen nicht zur Monogamie fähig.
Pf... Die zementiert doch nur ihre Feministen-meinung. Blöde weiße alte Frau!
Aber echt.
Das Wort „Eizellenkonkurrenz" beschreibt den Kampf, den die Eier untereinander um das Spermium austragen.
UGA!
AARGH
UGH

Und die Männer sind für die Verhütung zuständig.
Die Pille für den Mann macht echt gute Haut...
... aber auch 'nen ziemlich dicken Po.
Mit 28 nimmt die Fruchtbarkeit des Spermiums ab, mit 40 wäre nur noch jedes dritte Spermium zeugungsfähig. Was für Männer eine echte Bürde ist.
Wie soll ich denn bis 35 Karriere machen und gleichzeitig eine Familie gründen??
Ich bin noch Single!
Sie haben eine Quarterlife-Crisis.
Suchen Sie sich ein entspannendes Hobby.
Sukkulenten.
Mit 50 dann Hormonstörungen! Hitzewallungen und Instantglatze.
Ciao!
Ist es wirklich so schlimm?
Ein bisschen mehr gesellschaftliche Anerkennung wäre schon angebracht.

CONSENSUAL BLUES

Lyrics: Phillip Bagewitz. After a song from the feminist Swingband „Cats & Dinosaurs". Check them out!

I got magical tricks,
fast and slow moving licks,
SLURP
And I can twiddle your fiddle
make you hotter than griddle!
Do you want to nibble that
banana top of mine?
And if you wanna stop,
just let me know anytime.

Or do you want to rock my boat
till it slides into dock,
Do you want me to warm your chop?
As long as both of us are hot,
we can keep hitting our pot,
And let me know, if you wanna stop.

UMGANGSPRACHLICHE GENITALNAMEN

Sehr verehrte Leser*innen,
zu Ihrem Amüsement folgt nun eine bildhafte Auflistung aller mir zum Zeitpunkt der Veröffentlichung bekannten, aufwendig recherchierten Kosenamen unserer Genitalien, sortiert nach Geschlecht. Eine Einordnung der Wörter überlasse ich Ihnen selbst, aber als Anregung ein paar Fragen: Wie viele der Wörter auf der männlichen Seite können töten? Wie viele Wörter auf der weiblichen Seite schließen etwas Wertvolles weg? (Tipp: Es sind gleich viele.) Wie viele Wörter aus der Liste würden Sie Ihrem Sohn beibringen wollen – und wie viele aus der Liste wären Wörter, die Ihre potenzielle Tochter zur kindlichen Benennung Ihres eigenen Geschlechtsorgans verwenden könnte?

Lösung w: Perle, Liebesgrotte, Pflaume, Scham, Mös(l)e, Scheide, Muschi, Fotze, Spalte, Ritze, Schlitz, Blume, Feuchtgebiete, Muschel, Schatztruhe, Schmuckkästchen, Mumu, Lulu, Büchse/Dose, Loch. Lösung m: Zipfel, Piephahn, Schniepel, Pimmel, Zauberstab, Schwengel, Glied, Pillermann/-max, Pinsel, Ding-Dong, Schwanz, Spitz, Flöte, Kolben, Latte, Gehänge, Schwert, Horn, Dödel, Prügel, Nudel, Maschine, Lümmel, Rute

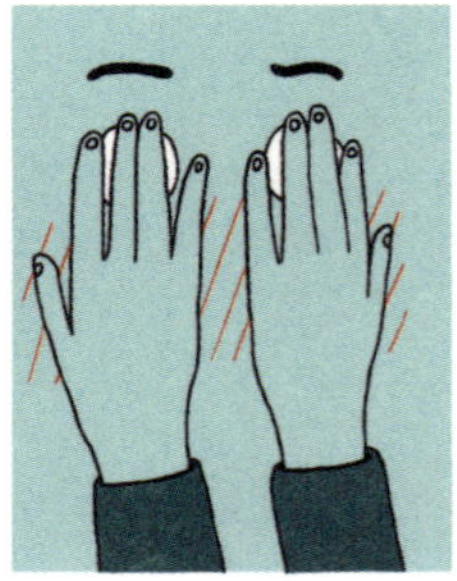

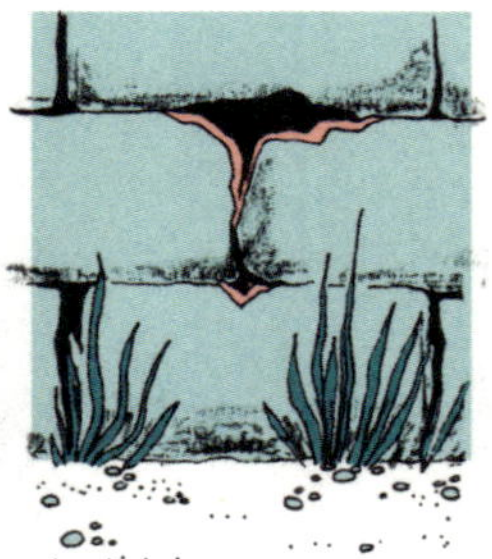
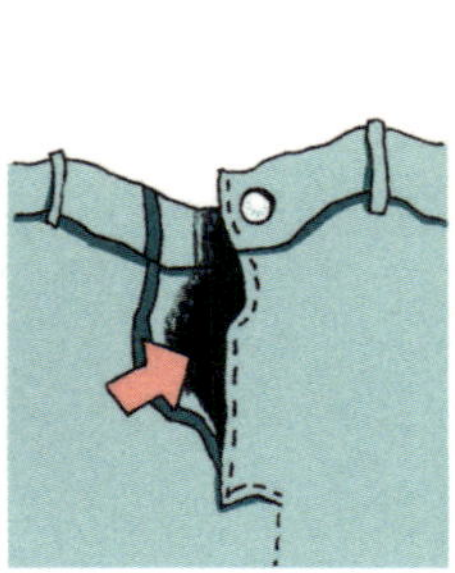
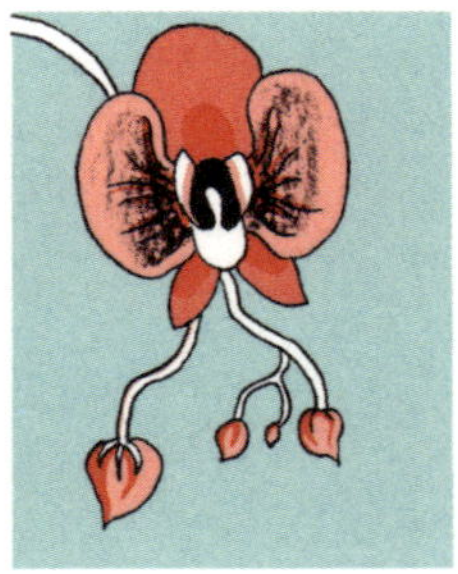

EIN SCHELM, WER BÖSES DABEI DENKT!

Ich hab mal als Touri-Guide gearbeitet.

Die Teenagergruppen waren die schlimmsten.

Einmal betreute ich die 9. Klasse einer Sekundarschule.

Schliiitz!
Höhö.
Hö höhö.
Alta. Schlitz. Haha.
Schlitz
Hilfe. Schnell weiter...
Ah, sehr gut!
Diese Vase ist
SCHLIIITZ!
SCHLIIITZ!
SCHLIITZ!
SCHLITZ!
Nie wieder pubertierende Kids...

STADT SCHLOSS
Puh, endlich vorbei...
Also, die Klasse 9b aus Schlitz dankt Ihnen ganz herzlich für die spannende Führung!
Aus... Oh!
Waren nur Lokalpatrioten!
lisafruehbeis '17
Nach einer Geschichte von Anette Neder

SCHLITZ
BUSENHAUSEN
14 km

FRÜHER WAR ALLES BESSER

Die Realität damals sähe anders aus.
Ich würde gerne einen Beruf ergreifen.
1 KUH
SCHREIB SCHREIB
Der will, dass du einen Putzlumpen ergreifst.
Ich will eigene Rechte vor dem Gesetz.
Wächter!
WAHL-URNE
DAUERT NOCH 700 JAHRE!
Mit meinem Beruf setze ich mich für Forschung und Medizin ein ...
HEILKUNDLERIN IST DA
SIE NENNEN DICH HEXE!
TOT!
Ich kriege mit zwölf ein Kind, aber die Hebamme wurde als Hexe verbrannt und der Arzt wäscht sich die Hände nicht.
Hi
TOT!

Da gibt's nix zu verherrlichen. Das europäische „finstere Mittelalter" war alt, finster und für Frauen eher mittel.
Ich würde mal sagen: Schön, dass ich als Frau in eine modernere Zeit hineingeboren wurde.
Freiheit, Gleichheit, äh... Schwesterlichkeit.
Na gut! Du hast recht. Ich will wieder... ZURÜCK IN DIE ZUKUNFT!
Na endlich!
PUH!
ERDVULVEN!
PIU
ERGEBT EUCH!
PIU
PIU
oha.
URGS
PUFF
lisafrühbeis '18

BOINK

THE BLOODY CIRCLE OF LIFE

Auftritt: TESTOSTERON
das Powerhormon
für die Libido verantwortlich
Ohne Testosteron kommt schlechte Stimmung auf (z.B. bei Anwendung der Pille)
Kann von Frauen in Östrogen verwandelt werden
Es folgt an Tag 10-13: Fruchtbarkeit!
• Östrogen-Maximum → maximale Anziehungskraft, intensive Orgasmen
• optimistisch und sozial
Hi
Hi
Es folgt der Höhepunkt an Tag 14: der Eisprung! Das (normalerweise) unbefruchtete Ei wird abgestoßen.
ziept
Tag 15-18: eine Hormonveränderung!
• intensivere Emotionen, Stimmung fällt
• Müdigkeit
Uh!

Tag 19 - 22: Östrogenpegel fällt,
Progesteron steigt →
• Haare werden fettig,
• Haut wird unrein
• Hitzewallungen
Na toll…
Puh…
Auftritt: PROGESTERON
Verstoffwechselt wirkt es beruhigend auf den Körper
„körpereigenes Valium"
Bei Störung bzw. in Umbruchphase: Depression und andere heftige Gemütsbewegungen, Angst, Schweißausbrüche.
Die Folge: PMS an Tag 23 - 25
Hohes Progesteron lagert Wasser im Gewebe an →
• Gewichtszunahme,
• Blähbauch,
• keine Libido,
• keine Motivation
Please kill me
Zu guter Letzt,
Tag 26 - 28: ←
Alles Durchschnittswerte
• Brüste schmerzen.
Und nun: Alles wieder von vorne!!
Ok, ok! Bin gleich soweit.
Im Dienste der Menschheit!
lisafrühbeis '18

OPEN MIC

SIE SIND ÜBERALL

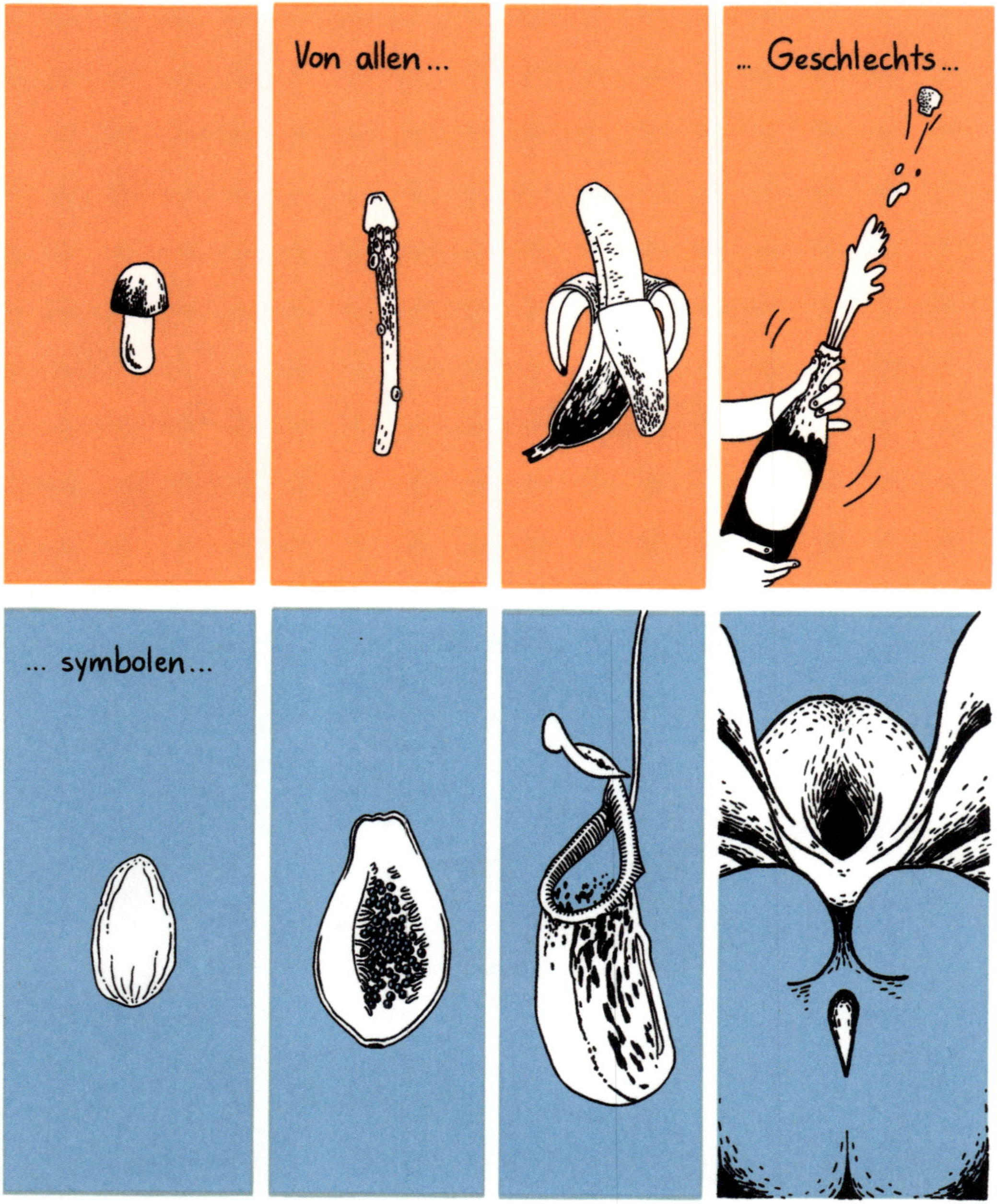

... sind mir...
... die ...

...kirchlichen...
...die...
... aller...
... aller...
... Liebsten.
© lisafrühbeis

ALS ICH MAL EINE VASE KAUFEN WOLLTE

Aber es ist ganz leicht. Senden Sie weiter „Ichbotschaften"...
Ich hab im Schauf
Können Sie nicht lesen? Typisch für Ihre Generation. Hier drin finden Sie ausschließlich Antiquitäten!
... Bleiben Sie immer auf der Sachebene...
Früher haben die Leute gelesen, sich fortgebildet, mein Vater sprach noch sieben Sprachen!
Zufällig spreche ich auch sieben! Englisch, Chinesisch...
Chinesisch??
... Überlegen Sie, was Ihr Gegenüber eigentlich sagen will.
Was hilft Ihnen das denn weiter?
Mein Vater, der sprach Altgriechisch und Hebräisch!
Ach was.
Ganz wichtig: Achten Sie auf Körpersprache.
Na egal. Sind Sie Touristin?
Ich gebe Ihnen einen Tipp! Wenn Ihr Mann gut verdient, dann gehen Sie unbedingt in das Restaurant gegenüber!
Mein...??

Dann ist Kommunikation auf Augenhöhe kein Problem.
Apropos Restaurant! Ich erzähl Ihnen mal was, als Frau dürfte Sie das amüsieren.
Meine Gattin hat es geschafft, in 20 Jahren nicht einmal zu kochen!
ha ha ha
hnnnng
ICH MUSS WEG!
Sie werden sehen: Konsens ist für alle gewinnbringend.
HIER FINDEN SIE
ANTIQUIT
BAMM
schnauf
schnauf
Ja. So gelingt auch Ihnen gute Kommunikation in allen Lebenslagen!
UITÄTEN
lisafrühbeis '17

MUTTERKUCHEN MIT SAHNE

Daraus wurden „verjüngende Cremes gemacht. Bis in die 1980er-Jahre! Dann sind sie aus den Läden verschwunden, angeblich wegen HIV.
AIDS über die Haut?
Ganz ohne Tote gibt es heute immer noch sehr interessante Angebote für Schwangere, die sich nach der Geburt nicht von der Plazenta trennen wollen: z.B. Eigen-Globuli.
Hä? Ist Homöopathie nicht die Minimalkonfrontation mit Fremdem?
Irgendwer sahnt da sicher ordentlich ab.
Hier steht, sie sei sehr nahrhaft, man könne sie deswegen vergraben und ein Bäumchen drauf pfla...
...woah!
Hm?
PLAZENTA BOLOGNESE

Plazenta verspeisen. Das machen wohl nicht wenige* Ist das nicht Kannibalismus?
Auf dich, Katie!
Auf mich, Tom.
PLING
*Gelöschter Insta-Post von Katie H. und Tom C.
Muttertiere können nicht auf Futtersuche gehen und kräftigen sich nach der Geburt damit. Auch die Hormone darin sollen Tolles bewirken.
Leider hat die Wissenschaft vor allem eine erhöhte Schadstoffkonzentration nachgewiesen.
Plazenta filtert zwischen Mama und Baby.
OM NOM
OM NOM
KRA
Hm. Also eher nichts davon, oder?
Ich kann mir das mit dem Bäumchenpflanzen ja noch mal überlegen.
lisafrühbeis

GEZEICHNETE BRÜSTE

Denn, liebe Leser*innen, vielleicht ist es Ihnen auch schon aufgefallen, meine Brüste gehen so:
Lassen Sie mich kurz die Geschichte der Comic-Brüste umreißen:
Es schaut immer so aus, als ob:
A) die Figur sich gerade auf dem Höhepunkt eines Trampolinsprungs befindet.
wiiieeeh
B) die Figur die ganze Zeit von innen geboxt wird.

Nun gab es schon immer Moden in der Darstellung weiblicher Brüste.
Sandro Botticelli
Gekoppelt, natürlich, an Moden in der Darstellung weiblicher Körper.
Peter P. Rubens
Aber ist meine Beobachtung korrekt und es sind immer Männer, die der Boxbrust-Mode folgen?
Claire Bretécher
Und falls ja, hier meine Frage:
Ist es alles eine Frage der Perspektive?
©lisafrühbeis

DAS NATÜRLICHE GESCHÄFT

Durch Pissoirs wird der Platz in Männerklos effizienter genutzt, und es gibt dadurch mehr Durchlauf.
Es wurden schon Pissoirs für Frauen entwickelt...
... aber sie setzen sich nicht durch.
Höhö
Höhöhö
Klo-Designer waren natürlich auch immer männlich.
Der Drang nach Verstecken, sogar vor dem eigenen Geschlecht, liegt auch am Grad der Entblößung.
Umdrehen reicht
Wird aus jeder Pinkelperspektive als nackt empfunden
Es gibt zwar eine Lösung, aber:
Einmal pinkeln 2€? Ein teures Geschäft.
Kann ich das wiederverwenden? Hmm, m-m...
URINELLA
FÜR DAS WEIBLICHE GESCHÄFT IM STEHEN
2€
Meine Uroma hat im Stehen gepinkelt. Mit Rock ging das gut!

Ich frage mich, ob wir das verlernt haben. Einmal, mit 14, beim Wandertag:
Ich muss mal.
Ich auch!
Ich auch.
Ich auch, aber... was können wir tun??
Nächstes Klo in zwei Stunden!
?
DU HaST NOCH NIE...
Noch nie...
IM FReIen...??
Jungs lernen das mit zwei...
Ich glaube, wir sollten...
Will noch jemand 'ne Urinella?
Frisch?
Nee.
Ach, läuft auch so.
UGH
lisafrühbeis' 18

VORSTÄNDE-KONGRESS

QUOTE IM TOMATENBEET

Hey! Wir haben uns mit Qualität durchgesetzt!
In euch und eure Samenqualität wurde jahrelang investiert!
EXTRA TOLL
Wir fordern Tomatical Correctness: Gute Platzierung, gleiche Düngerförderung und Zugang zur Insektenvernetzung!
Ihr habt immer Privilegien im Beet, ohne Quote ändert sich nichts!
Privileg? Die Sprießarbeit damals war richtig hart!
Größere Blätter, Zugang zu mehr Wasser und Sonne?
Und ihr stützt euch gegenseitig!
Wir haben Sprießarbeit geleistet UND in eurem Schatten gelebt.
Auch andere unterrepräsentierte Sorten sind gegen Verallgemeinerung.
Gelbe Tomaten sind nicht goldig!
Dunkle sind nicht faul.
Und grüne nicht unreif...
Und was meint der Gärtner dazu?
Puh... Da müsste ich ja tatsächlich was ändern... Wie anstrengend!
KAU KAU

Die gelben Tomaten gehen auf die Straße.
GRÖSSERES BEET
TOMAGETTEN FÜR GLEICHHEIT
50-%-QUOTE IM BEET
Sollen wir uns etwa vom Acker machen?!
Amok-Tomagetten!
Wieso sollen wir's jetzt ausbaden??
Und so entsteht ein heftiger Streit – eine richtige Schlammschlacht.
Am Ende sind alle erschöpft und traurig. Denn sie mögen sich ja eigentlich. Und weil dies ein lustiger Comic ist, geht der Konflikt gut aus.
Ihr habt ja recht... Wir haben echt viele Vorteile. Wir machen euch Platz!
Tut gut, dass du das sagst!
Danke!
Schnüff
Schnüff
Und am Ende werden alle in einem bunten Tomatensalat gegessen.
Nur der Tod ist gleichberechtigt!
AAAH
lisafrühbeis

MENSCHEN, DIE TORE ÖFFNEN

Weibliche Vorbilder sind wichtig – egal in welcher Disziplin.
Die Kraft wäre da, aber die Balance fehlt.
UUH
KRKS
Konzentrier dich.
Wow, deine erste lange Story.
Jetzt musst du aber die einzelnen Elemente ins Gleich-gewicht bringen.
ÄCHZ
AAH
Ob sie uns durch tiefe Täler leiten…
Puh. Heute geht gar nichts.
Es ist kein Wett-bewerb. Mach dein eigenes Tempo.
Hab Vertrauen in dich.
Geduld.
Ich krieg bisher nur Absagen.
Das dauert. Du wirst in den Köpfen bleiben.

... oder zu Höchstleistung antreiben:
Los! Höher!
Geh noch mal tiefer.
Irgendwann kommt dabei der Glücksmoment für alle.
Du brauchst mich nicht mehr.
Juchu!
Hallo, hier Verlags-angebot!
Ich wusste, dass sich der Einsatz lohnt.
lisafrühbeis '19

EPILOG

So viel Wut und negative Energien.
Warum bin ich nicht entspannter?
Ja! Entspann dich mal!
Man kann auch aus allem ein Problem machen.
Stimmt. Es wird besser. Oder?
Preis für sein Lebenswerk: Herrmann Erich!
Und als Förder-preisträgerin zeichnen wir diesmal eine Frau aus!
Jetzt ist sie doch am Ziel. Jetzt kann sie sich nicht mehr beschweren!
Aber meine Herren! Wir haben und hatten in der Jury doch schon immer eine völlig geschlechts-unabhängige Wertung!
Na, das versteht sich doch von selbst!
HO HO HO

Und dann lese ich wieder irgendeine neue Studie...
NICHT INS GESICHT FASSEN
SWIPE SWIPE
DER TAGESSPIEGEL
GLEICHSTELLUNG NOCH 217 JAHRE ENTFERNT
Ungerechtigkeiten beim Lohn von Mann und Frau basieren auf der gesellschaftlichen Annahme, dass Mütter w
er leisten können, wei
FAIRPHONE
gesellschaftliche Annahme
FUUCK! SCHEISS KLISCHEEDENKEN!!

Die unbewusste, gedankliche Vorprägung ist wissenschaftlich nachgewiesen. Wir alle haben Vorurteile, ohne es zu merken.
Noch 217 Jahre. Unsere Prägung aufzulösen ist ein generationenübergreifender Prozess.
JUHUU!
ÄCHZ
sterb
Ein Schritt vor, zwei Schritte zurück.
Die nächste Generation wird das sicher entspannter machen als ich.
lisafrühbeis

COMIC ÜBER MENSTRUATION
GENITALNAMEN
LADY
COMIC ÜBER MENSTRUATION
HELP
WHAT DO PEOPLE THINK OF ME?
WHY DO I BOTHER
I'VE MADE A MISTAKE
AM I GOOD ENOUGH?
EVERYONE IS STARING AT ME
AM I DOING THE RIGHT JOB?
I'M DOING THIS WRONG
THE PERILS OF CHRONIC OVERTHINKING

DANKE:

Barbara, Michael, Christian, meinem tollen Team bei Carlsen, der Redaktion des *Tagesspiegels* am Sonntag, meinen Testleser*innen, Flo, Mama und allen, die mich auf dem Weg unterstützt haben.

LISA FRÜHBEIS, geboren 1987, hat sich im feministischen Comic einen Namen gemacht und ist eine der lebendigsten Protagonistinnen der jungen deutschen Comicszene. Zwei Jahre lang zeichnete sie für den Berliner *Tagesspiegel* die Comic-Kolumne *My 100 Days of Strangelife*, die im vorliegenden Buch gesammelt ist. Ihre Werke wurden in zahlreichen Ausstellungen präsentiert, so im Literaturhaus München, der Brooklyn Art Library in New York und dem Vasseau Moebius im französischen Angoulême. Für ihre Arbeit ist sie mit einem Joseph Binder Merit Award sowie einem Merit Award der 3x3 Illustration Show New York ausgezeichnet worden.

Lisa Frühbeis lehrt darüber hinaus Illustration an verschiedenen Kulturinstitutionen und ist als Graphic Recorderin und Kreativcoach tätig.
Sie lebt in Augsburg.

www.lisafruehbeis.de

Die Kolumnen dieses Buchs erschienen erstmals unter dem Titel *My 100 Days of Strangelife* von 2017 bis 2019 in der Sonntagsausgabe des Berliner *Tagesspiegel* sowie in *Aviso – Magazin für K und W in Bayern*. Für die vorliegende Ausgabe wurden sie umfassend überarbeitet und um neue Episoden ergänzt.

Der Abdruck des Liedtexts »Consensual Blues« auf den Seiten 74–76 erfolgt mit freundlicher Genehmigung von Cats & Dinosaurs. © Phillip Bagewitz

ORIGINALAUSGABE

Redaktion: Michael Groenewald
Herstellung: Gunta Lauck
Litho: Margit Dittes, Hamburg

ISBN 987-3-551-79356-0

FSC www.fsc.org
MIX
Papier aus verantwortungsvollen Quellen
FSC® C018236